사랑을 그리다

사랑을 그리다

초판 12쇄 발행 2021년 10월 14일

펴낸이 도승철 | 펴낸곳 카멜레온북스 | 등록 2005년 5월 2일 (제105-14-87935호)

주소 경기도 파주시 회동길 349 3층 | 전화 031-955-9550 | 팩스 031-955-9555

홈페이지 http://www.bmirae.com

편집 송재우 고지숙 | 디자인 윤수경 | 마케팅 김경훈 | 경영지원 강정희

ISBN 978-89-6546-164-7 14630 | 978-89-6546-165-4(세트)

이미지 제공 : ⓒ Anastacia-azzzya, Apolinarias, blue67design, Daiquiri, EVA105,
IrinaKrivoruchko, Julia Snegireva, kiya-nochka, LenLis, Markovka, Meelena,
tets, Utro_na_more, vecstock.com, xenia_ok, Yoko Design / Shutterstock.com

사랑을 그리다

카멜레온
BOOKS

누구보다 사랑스런

에게

드립니다.

Love

With love...

HELLO
LOVE

Love

Love
love

Love
love

Magic love
Love

LOVE

나만의 색깔로 그린

단 하나의 사랑을 당신께 드립니다.

♥ 선을 따라 잘라서 사용하세요.

♥ 선을 따라 잘라서 사용하세요.